まいにちつかうもの

石川ゆみ

筑摩書房

もくじ

はじめに

布が好き。
きっとこの本を見てくださっている皆さんも同じだと思います。
服や雑貨が好きと同じように布が好きという方も増え
ちょっと前までは「買う」のが当たり前だった雑貨も
可愛い布を目の前にすると「作りたい」に変わってきているようです。
手作りは手を動かすその時間も楽しいですから。

けれども気に入って買った布もすぐ形にしないと忘れられ、
また新しい布を買っての繰り返し。
布のストックがたまるばかりで何とかしたいとよく耳にします。
布にも賞味期限があるような気がします。
もちろんずっと大切にしまってある布もありますので
すべての布がそうだとは言えませんが……
あんなにワクワクしたはずなのに時間が経つと
新しい布ばかり素敵に見えてしまう。
だからワクワクが消えないうちに
どんどん形にして欲しい。

好きな布からイメージしていろんな布小物を作りました。
どれもすぐ簡単に作れて大人もこどもも使えます。

いろんな事を忘れてひとりミシンに向き合う贅沢な時間。
何を作ろうか考えるのも楽しい。
そしてまたワクワクしたくて可愛い布を求めに出かけるのです。

石川 ゆみ

1 パッチワークのバッグ
How to make p50

ネルのバッグ いろいろ
How to make p51

2

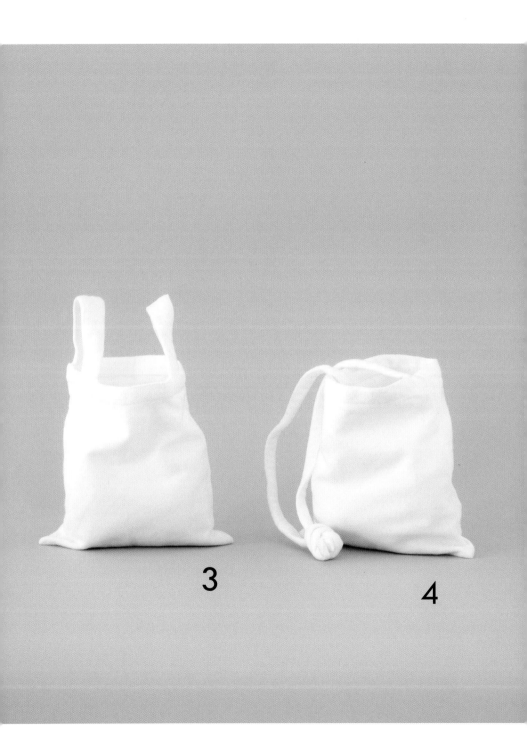

3

4

5 レッスンバッグ
How to make **p52**

6 星柄のトート
How to make p53

7 青のバッグ
How to make **p54**

8 ピンクのバッグ
How to make **p54**

なべつかみ
How to make **p 56**

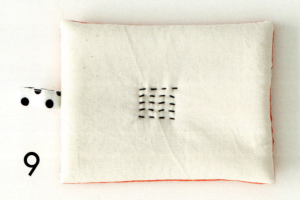

9

10

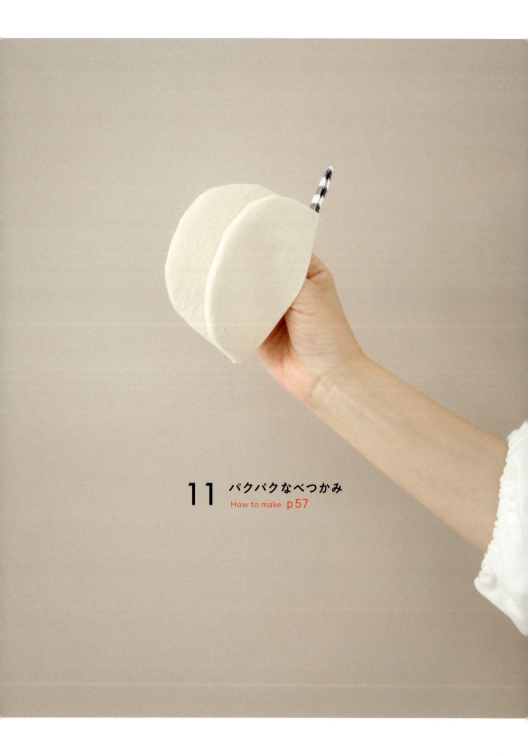

11 パクパクなべつかみ
How to make **p57**

12 丸いぱっちんポーチ
How to make p58

13 四角いぱっちんポーチ
How to make p59

14 ショルダーバッグ
How to make p60

くるくるポーチ
How to make **p62**

15

16

17 白に赤の巾着
How to make p63

18 白に青の巾着
How to make p64

19 キーケース
How to make p65

20 裂き布のポシェット
How to make **p66**

21 ふろしき
How to make p67

22 ティッシュカバー
How to make **p68**

キューブ型小物入れ
How to make **p69**

23

24

25 ストライプのバッグ
How to make **p70**

26 しましま巾着
How to make **p72**

27 リバーシブルのあずま袋
How to make **p73**

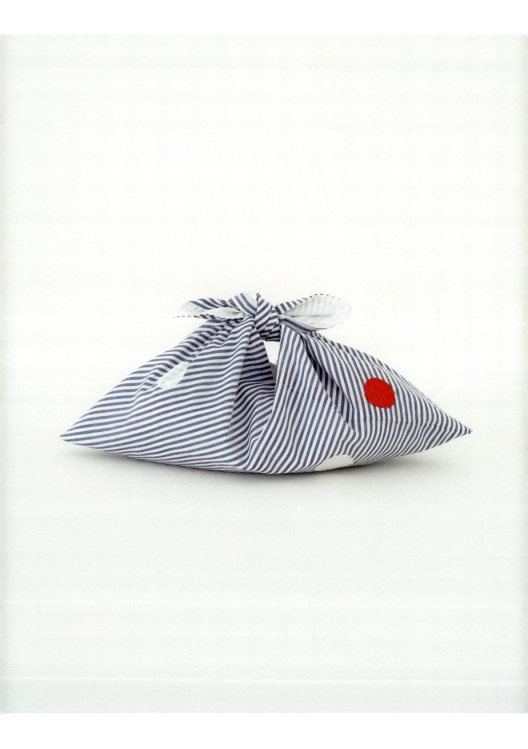

28 リバティプリントのキルトバッグ
How to make **p74**

三つ編みトート
How to make **p75**

29

30

31 ソーイングポーチ
How to make **p76**

32 エプロン
How to make p78

33 もこもこ巾着バッグ
How to make **p77**

34 もこもこバッグ
How to make p80

35 巾着つきウールバッグ
How to make **p81**

ウールの丸いコースター
How to make p82

37

36

38 リネンのストール
How to make p83

39 赤い丸バッグ
How to make **p84**

How to make

● 作り始める前に

作り方ページの数字の単位は㎝です。
でき上がりの大きさは幅×高さ、または幅
×高さ×マチの寸法で示しています。

● 布について

使用する布はあらかじめ水通しや霧吹きな
どして縮ませ、陰干ししてアイロンをかけ
たものを用意します。
作り方ページの材料の布地に＊マークがあ
るものは生地屋さん CHECK&STRIPE の生
地を使用しました。布地の名称は p87 で
ご紹介しています。

● 裁断と型紙について

作り方ページの裁ち図の寸法は縫い代分も
含まれていますので、そのままの大きさで
裁断してください。
裁ち図中の↕は布の地の目（たて地）です。
一部作品には実物大型紙がついています。
p85-86の型紙をそのままコピーするか、ハ
トロン紙などに写しとってご使用ください。

● ミシンがけについて

使用する布に合わせてミシン糸と針を用意
します。切れ端などで試し縫いをしてミシ
ン目の調整をしてから縫い始めます。
ミシンがけの縫い始めと終わりは必ず返し
縫いをしましょう。
縫う際にはまち針を打ちますが、それだけ
では不安な方は、ミシンがけする前にしつ
けをしてください。
図中の端ミシンは 0.1〜0.3㎝のところを
縫います。またジグザグミシンで布端の始
末をしていますが、これはロックミシンで
もミシン機能の裁ち目かがりでもOKです。

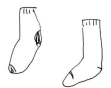

1

パッチワークのバッグ

Photo p6.7

ギンガムチェックのはぎれを合わせた
カラフルなバッグです。
表と裏で別のデザインにしています。

でき上がりの大きさ　38×42cm

● 材料
コットンのギンガムチェック（7色）＊
　a　合わせて 40×84cm
コットン（白）＊
　b（裏地）40×92cm
　c（持ち手）10×32cmを2枚

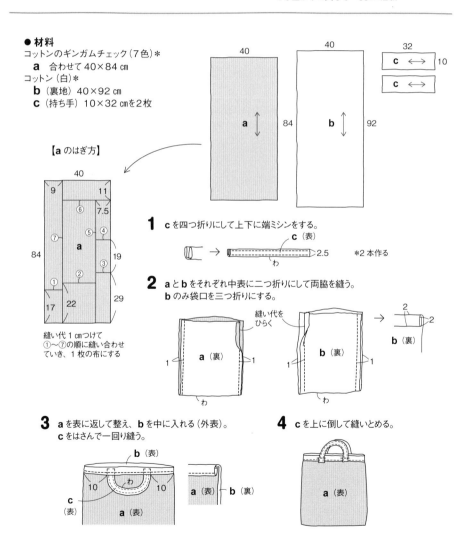

【**a** のはぎ方】

40

9　　　11

⑥　　7.5

⑦　　⑤　④

84　　　**a**　　19

　　　③

　　②　　29

①

17　22

縫い代1cmつけて
①～⑦の順に縫い合わせ
ていき、1枚の布にする

40

a ↕ 84

40

b ↕ 92

32

c ←→ 10

c ←→

1 **c** を四つ折りにして上下に端ミシンをする。

c（表）
わ　2.5　　＊2本作る

2 **a** と **b** をそれぞれ中表に二つ折りにして両脇を縫う。
b のみ袋口を三つ折りにする。

縫い代を
ひらく

1　**a**（裏）　1　　　　**b**（裏）　1

わ　　　　　　　わ

2
2
b（裏）

3 **a** を表に返して整え、**b** を中に入れる（外表）。
c をはさんで一回り縫う。

b（表）

10　わ　10

c
（表）
a（表）

a（表）→←**b**（裏）

4 **c** を上に倒して縫いとめる。

a（表）

2.3.4

ネルのバッグいろいろ
Photo p8.9

大きさは一緒ですが、
持ち手で印象が変わります。
どの形にしようかな。

でき上がりの大きさ　20×22cm

● **材料**

ネルのコットン（白）
- **a**　22×50cm
- **b**（持ち手）
  - 2　15×26cm
  - 3　7.5×26cmを2枚
  - 4　5×55cmを2枚

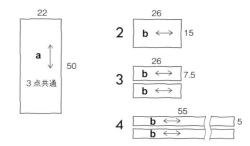

22

↑ **a** ↓

3点共通

50

26
2　**b** ←→　15

26
3　**b** ←→　7.5
　　b ←→

55
4　**b** ←→　5
　　b ←→

1　**a**を中表に二つ折りにして両脇を縫い、
袋口を三つ折りにする。3点共通。

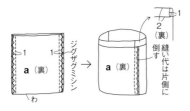

a（裏）　ジグザグミシン　わ

→

a（裏）

1
2
（裏）
倒す

縫い代は片側に

2　**b**をそれぞれ作る。

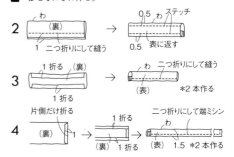

2　わ　（裏）　二つ折りにして縫う

→　0.5　わ　ステッチ
0.5　表に返す

3　1折る（裏）　1折る

→　わ　二つ折りにして縫う　（表）　*2本作る

4　片側だけ折る　（裏）　1

→　1折る　（裏）　1折る

→　二つ折りにして端ミシン　わ　（表）　1.5　*2本作る

3　**a**の脇に**b**をはさんで一回り縫う。

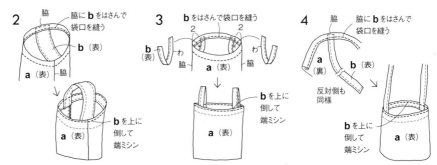

2　脇　脇に**b**をはさんで袋口を縫う　**b**（表）
a（表）　脇

↓

bを上に倒して端ミシン　**a**（表）

3　**b**をはさんで袋口を縫う
2　2
b（表）　わ　脇　**a**（表）　脇　わ　**b**（表）

bを上に倒して端ミシン　**a**（表）

4　脇　脇に**b**をはさんで袋口を縫う
a（裏）　**b**（表）
反対側も同様

bを上に倒して端ミシン　**a**（表）

5

レッスンバッグ

Photo p10

しっかり丈夫な帆布のバッグ。
ちらりと見えるストライプがポイントです。
お子さんのおけいこバッグにしても。

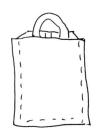

でき上がりの大きさ　33 × 36.5 × 13 ㎝

● 材料
帆布（黄）　**a**　35×40 ㎝を2枚
　　　　　　b　（マチ）　15×111 ㎝
コットン（白）＊
　　　　　　c（持ち手）　12×35 ㎝を2枚
コットンのストライプ（黄 × 白）
　　　　　　d（見返し）　94×4 ㎝

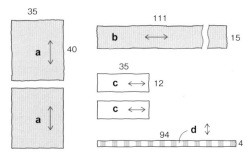

1　**c**を四つ折りにして上下に端ミシンをする。

3　わ　**c**（表）　→　**c**（表）　端ミシン　*2本作る

2　**a**と**b**を中表に合わせて脇から底を縫う。

a（表）
b（裏）
1
1
1
1
もう1枚の**a**と
bの片側も同様に
縫い、表に返す

1　1
d（裏）　輪にする

3　**d**を輪にして**a**の袋口に合わせ、**c**をはさんで
一回り縫う。

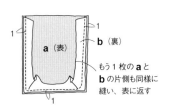

7　1　7
d（裏）
わ　**c**（表）
b（表）　脇
脇　**b**（表）
a（表）

4　**d**を表に返して袋口を裏側に折り込み、
一回り縫う。

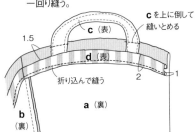

1.5
c（表）
cを上に倒して
縫いとめる
d（裏）
折り込んで縫う
2
1
a（裏）
b（裏）

5　**a**と**b**の脇をつまんで縫い、そのあと底も同様に縫う。

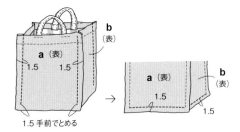

b（表）
a（表）
1.5　1.5
1.5手前でとめる
→
a（表）
1.5
b（表）
1.5

6

星柄のトート

Photo p 11

持ち手を前後でつけてみたら
とても持ちやすいバッグになりました。
マチなしですが、たっぷり入ります。

でき上がりの大きさ　50×39.5 cm

● 材料
厚手のコットン（星柄）＊
a　52×42 cmを2枚
b（持ち手）14×40 cmを2枚
コットン（白）＊
c（裏地）52×42 cmを2枚

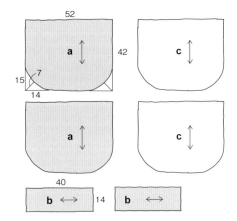

1 **b**を折り込んで縫う。

2 **a**、**c**をそれぞれ中表に合わせて脇から底を縫う。
cのみ返し口を作る。

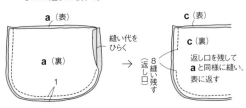

3 **a**の袋口に**b**を仮止めする。

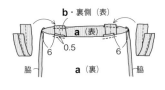

4 **a**の中に**c**を入れて袋口を縫う。

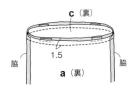

5 返し口から表に返して整え、返し口を閉じる。

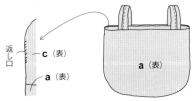

7
青のバッグ
Photo p 12

底のパイピングがポイントです。
しっかりしたリネンで作りました。
持ち手の位置で表情が変わります。

8
ピンクのバッグ
Photo p 13

こちらは2本の持ち手です。
A4サイズのものがぴったり収まる
使いやすいサイズのバッグです。

● 材料

7の材料
カラーリネン（青）＊　　a　54×32㎝
　　　　　　　　　　　b（持ち手）16×27㎝
綿ブロード（白）＊　c　5×29㎝

8の材料
カラーリネン（ピンク）＊
　　a　54×32㎝
　　b（持ち手）　8×27㎝を2枚
綿ブロード（赤）　c　5×29㎝

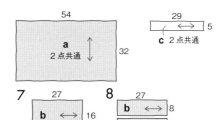

1 a両端を三つ折りにして縫う。

2 aを中表に二つ折りにして脇を縫い、表に返す。

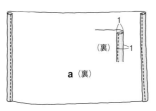

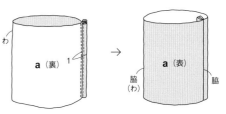

3 bをそれぞれ作る。

7

8

四つ折りにして
端ミシン

＊2本作る

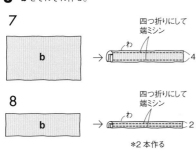

4 aの袋口を三つ折りにしてそれぞれbをはさむ。

7

8

手前側も同様にはさむ

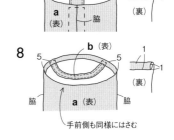

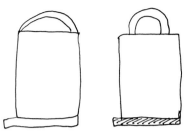

でき上がりの大きさ　25 × 30.5 cm

---

5 袋口を一回り縫う。

7

b をはさんだまま縫う

→

b を上に倒して
端ミシン

a（表）

a（表）

8

a（表）

*同様に縫う

6 a の底に c をつける。

脇　　a（表）　　脇

→

a（表）

→

a（表）

1 折る

c（裏）　　1

1 出す

上に重ねて縫う

c（裏）

折る

c（裏）　1 折る

↓

a（表）

c（表）

くるんで端ミシン

7

8

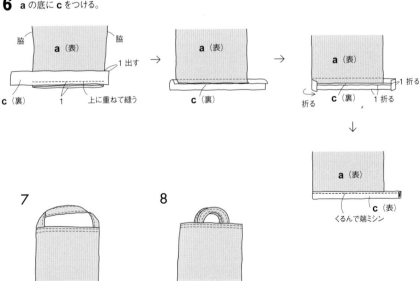

9.10

なべつかみ

Photo p14

キルト芯をはさんでいます。
ティーポットの下に敷いても。
プレゼントにも喜ばれます。

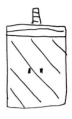

でき上がりの大きさ　12×16㎝

● 材料

9 の材料
シーチング（きなり）*　**a**　14×18㎝
コットン（オレンジ）*　**b**　14×18㎝
コットンの水玉（黒×白）**c**（ループ）4×10㎝
キルト芯　14×18㎝
刺しゅう糸（黒）適宜

10 の材料
コットンのストライプ（黒×白、きなり×ネイビー）*
　a　合わせて14×18㎝
コットンのストライプ（きなり×ネイビー）*
　b　14×18㎝
コットンのストライプ（黄×白）*
　c（ループ）4×10㎝
キルト芯　14×18㎝
刺しゅう糸（黄）適宜

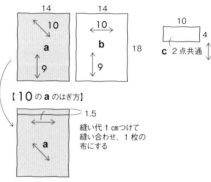

【10の**a**のはぎ方】
縫い代1㎝つけて
縫い合わせ、1枚の
布にする

1 **c** を四つ折りにして
端ミシンをする。

2 キルト芯の上に
aと**b**を順に重ね、
間に**c**をはさむ。

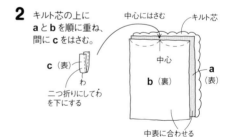

中心にはさむ
キルト芯
c（表）
わ
二つ折りにしてわ
を下にする
中心
b（裏）
a（表）
中表に合わせる

3 返し口を残して
一回り縫い、角の
余分をカットする。

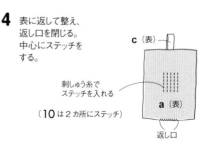

キルト芯
b（裏）
a（表）
角をカット
7縫い残す（返し口）

4 表に返して整え、
返し口を閉じる。
中心にステッチを
する。

c（表）
刺しゅう糸で
ステッチを入れる
（**10**は2カ所にステッチ）
a（表）
返し口

11

パクパクなべつかみ
Photo p15

指を入れて使います。
いろんな色で作りたくなる
かわいい形です。

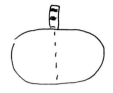

でき上がりの大きさ　15×11㎝

● **材料**
シーチング（きなり）＊
　a 20×15㎝を2枚
　b 18×15㎝を2枚
コットンのストライプ（ネイビー×白）
　c（ループ）　4×8㎝
キルト芯　20×15㎝

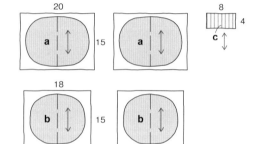

*a、b…実物大型紙　p85

1 cを四つ折りにして端ミシンをする。

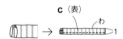

2 キルト芯の上にa、b、cを図のように順に重ねる。

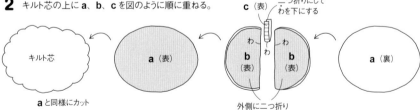

3 返し口を残して一回り縫い、カーブに
切り込みを入れる。

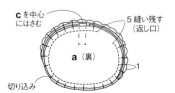

cを中心に
にはさむ

5 縫い残す
（返し口）

a（裏）

切り込み

4 表に返して整え、返し口を閉じる。
中心にステッチをする。

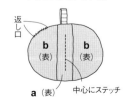

返し口

b（表）　b（表）

a（表）　中心にステッチ

12

丸いぱっちんポーチ

Photo p16

目がさめるようなオレンジ色のポーチ。
ひもをつけて
ポシェットにしても。

でき上がりの大きさ　約14.5×11.5cm

● 材料
厚手のコットン（オレンジ）＊　**a**　20×25cm
　　　　　　　　　　　　　　c　20×15cm
厚手のコットン（きなり）＊　**b**（裏地）20×25cm
　　　　　　　　　　　　　　d（裏地）20×15cm
ドットボタン（白）直径1.2cmを1組

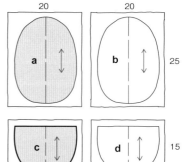

*a、bとc、d…実物大型紙　p86

1 c と d を中表に合わせて上端を縫う。

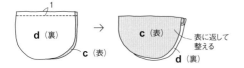

2 b の上に c と d、a を順に重ねる。

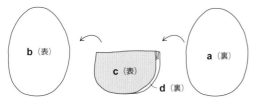

3 返し口を残して一回り縫い、
縫い代を切り揃える。

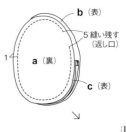

4 表に返して整え、
返し口を閉じる。

5 ドットボタンをつける。

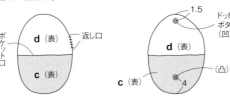

13

四角いぱっちんポーチ
Photo p16

裏地つきでしっかりしたポーチ。
おさいふにしたり
チケットを入れたり。

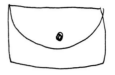

でき上がりの大きさ　約18×11㎝

● **材料**
リネンのヘリンボーン
　a　20×32㎝
厚手のコットン（きなり）*
　b（裏地）20×32㎝
ドットボタン（赤）
　直径1.2㎝を1組

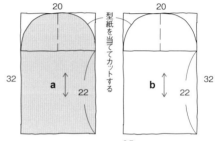

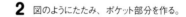

*a、b…実物大型紙 p85

1 aとbを中表に合わせて下端を縫う。

2 図のようにたたみ、ポケット部分を作る。

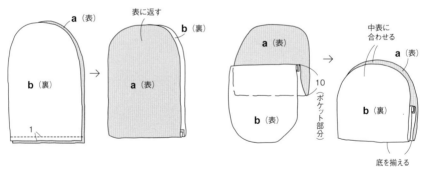

3 返し口を残して縫う。

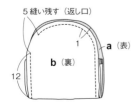

4 表に返して整え、
返し口を閉じる。

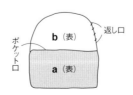

5 ドットボタンをつける。

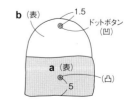

14

ショルダーバッグ

Photo **p 17**

ハリのある生地で作ります。
ふたがついていると安心ですし
マチがあるので何かと便利。

● **材料**
帆布（カーキ）＊
  a　27×48 cm
  b　（ふた）21×26 cmを2枚
  c　（肩ひも）12×110 cm
コットン（白）＊
  d　（裏地）27×24 cmを2枚

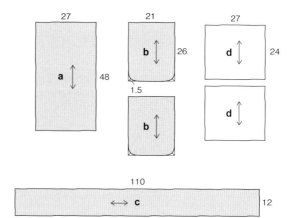

1 **c**を折り込んで縫う。

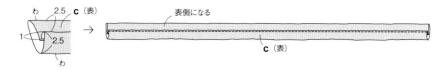

2 **a**を中表に二つ折りにして底をたたみ、両脇を縫う。

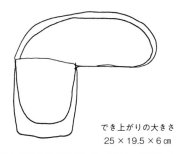

でき上がりの大きさ
25 × 19.5 × 6 ㎝

---

3 dを中表に合わせて脇から底を縫い、
返し口を作る。次にマチをたたんで縫う。

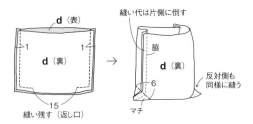

縫い代は片側に倒す

d（表）

脇

d（裏）
1   1

d（裏）

→

反対側も
同様に縫う

6

15

縫い残す（返し口）

マチ

4 bを中表に合わせて縫い、カーブに
切り込みを入れて表に返して整える。

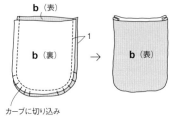

b（表）

b（裏）
1

→

b（表）

カーブに切り込み

5 aを表に返し、脇にcを合わせて仮止めする。

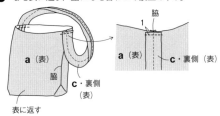

脇

a（表）

脇

c・裏側（表）

表に返す

脇

1

a（表）

c・裏側（表）

6 aの袋口の片側にbを合わせて仮止めする。

a（裏）

1

b（表）

a（表）

7 dの中にaを入れて袋口を
一回り縫う。

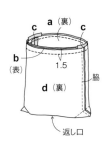

c   a（裏）   c

b
（表）

1.5

脇

d（裏）

返し口

8 全体を表に返して整え、返し口を閉じる。

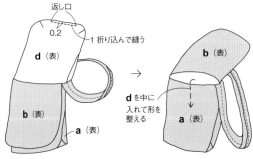

返し口

0.2

1 折り込んで縫う

d（表）

b（表）

a（表）

→

b（表）

dを中に
入れて形を
整える

a（表）

15.16

くるくるポーチ

Photo p18.19

細長いもの用のポーチです。
歯ブラシ、ペン類、
お弁当のおはしなどを入れて。

でき上がりの大きさ　15：21×10㎝
　　　　　　　　　　16：17×10㎝

● 材料

15 の材料
コットンのストライプ（白 × 水色）
　a 23×17 ㎝
　c（ひも）30×4㎝
コットンリネン（グレー）＊ **b**（裏地）23×17 ㎝

16 の材料
コットンのギンガムチェック（白 × 青）＊ **a** 19×17 ㎝
シーチング（きなり）＊ **b**（裏地）19×17 ㎝
コットン（ピンク）**c**（ひも）30×4㎝

15 23・**16** 19

17

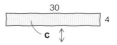

30

4

1 cを四つ折りにして端ミシンをする。

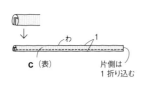

2 aとbを中表に合わせてcをはさみ、
返し口を残して一回り縫う。表に返して
返し口を閉じる。

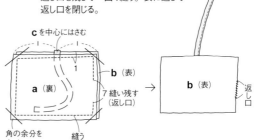

3 底を折り、両脇を縫う。

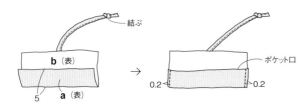

17

白に赤の巾着
Photo p20

ハンドステッチは気楽に。
ちょっと曲がったくらいが
かわいいです。

でき上がりの大きさ　23 × 17 cm

● 材料

リネンダンガリー（白）＊
　a　25×40 cm
コットンガーゼ（赤）
　b　6×25 cm
麻ひも　55 cmを2本
黄糸　適宜

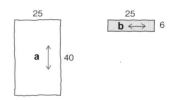

1 **a**の上に**b**を重ねて縫い、**b**を表に返して
手縫いでステッチをする。

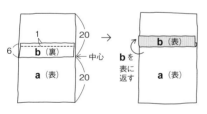

2 **a**の両脇に
ジグザグミシン
をかける。

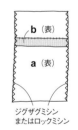

3 **a**を中表に二つ折りにして両脇を縫い、
あき口を作る。

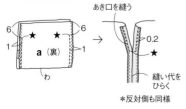

4 **a**の袋口を三つ折りにして縫い、麻ひもを通す。

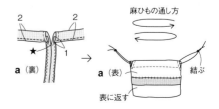

18

白に青の巾着

Photo p21

麻ひもを使っているので、
あっという間にでき上がります。
白に赤の巾着と一緒に。

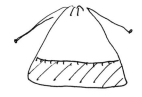

でき上がりの大きさ　23×22㎝

● 材料
ハーフリネン（白）＊
　　a　25×50㎝
コットン（青）＊
　　b　10×25㎝
麻ひも　55㎝を2本
赤糸　適宜

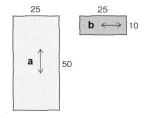

1　aの上にbを重ねて中心を縫い、bを表に返して手縫いでステッチをする。

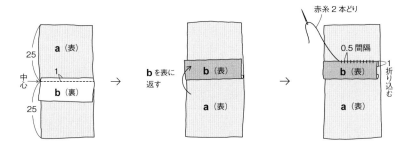

2　以降の作り方はp63参照。

19
キーケース
Photo p22

裂き布を混ぜて編みました。
ひもの先にカギを結びます。
お好きな布で。

でき上がりの大きさ　5.5×9㎝

● **材料**
綿ブロードの無地、ストライプなど
　4～5種類を適宜（本体）
コットンの水玉（白×黒、ひも用）
　1㎝幅に裂いた布を200㎝
7.5号のかぎ針

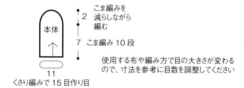

こま編みを
減らしながら
編む
2

7　こま編み10段

使用する布や編み方で目の大きさが変わるので、寸法を参考に目数を調整してください

本体

↑

11
くさり編みで15目作り目

1　裂き布を用意する。

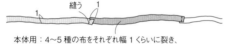

本体用：4～5種の布をそれぞれ幅1くらいに裂き、
縫いつなげる。長さは約16m

2　くさり編みで15目作り、輪にする。
　　p66 **2** 参照。

3　こま編みで10段ぐるぐる編む。

【こま編み】

編み目にかぎ針を入れ、
糸をかけて引き抜く

さらにかぎ針に糸をかけ、
矢印の方向に引き抜く

【2段目からの目を拾う位置】

くさりになっている頭の
部分を図のように拾う

4　11段めはこま編みを
　　2目編んで1目飛ばす。

【1目飛ばしの目を拾う位置】

くさりになっている頭の部分を
1目飛ばして拾う

5　12段めからこま編みを1目編んで
　　1目飛ばし、中心が小さくなるまで編む。
　　編み始めと終わりの布はとじ針に通して
　　裏に出し、表に響かないように編み目に
　　隠す。

6　ひも用の裂き布でくさり編みを40目作り、
　　本体に通す。

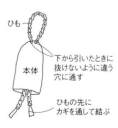

ひも

下から引いたときに
抜けないように違う
穴に通す

本体

ひもの先に
カギを通して結ぶ

65

20

裂き布のポシェット

布をひも状に裂いて
ぐるぐる編んでいくだけ。
ひもの長さを調節できます。

でき上がりの大きさ　13×15㎝

● **材料**
綿ブロード＊　適宜
9号のかぎ針

1 裂き布を用意する。

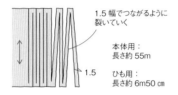

1.5幅でつながるように
裂いていく

本体用：
長さ約55m

ひも用：
長さ約6m50㎝

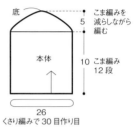

底

こま編みを
減らしながら
編む

本体

こま編み
12段

26
くさり編みで30目作り目

使用する布や編み方で目の大きさが変わる
ので、寸法を参考に目数を調整してください

2 本体用の裂き布をくさり編みで30目作り、輪にする。

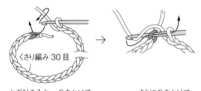

くさり編み30目

かぎ針を入れ、糸をかけて
引き抜く

さらに糸をかけて
かぎ針を引き抜く

3 p65 **3** を参照し、こま編みで12段ぐるぐる編む。
13〜15段めは3目編んで1目飛ばす。
16段めからは2目編んで1目飛ばし、中心が
小さくなるまで編む。編み始めと終わりの布は
とじ針に通して裏に出し、表に響かないように
編み目に隠す。

4 ひも用の裂き布でくさり編みをし、ひもを
作り、本体に通す。

【くさり編み】

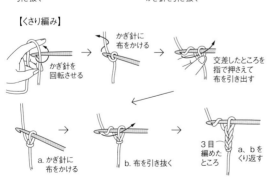

かぎ針を
回転させる

かぎ針に
布をかける

交差したところを
指で押さえて
布を引き出す

a. かぎ針に
布をかける

b. 布を引き抜く

3目
編めた
ところ

a、bを
くり返す

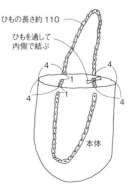

ひもの長さ約110

ひもを通して
内側で結ぶ

本体

21

ふろしき

Photo p24

柄の出方が包み方によって変わります。
私も納品や着替えを包んで
愛用しています。

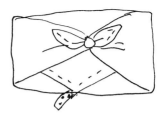

でき上がりの大きさ　90×90㎝

● **材料**
コットンのタータンチェック（赤）
　a　47.5×94 ㎝
コットンのタータンチェック（緑）
　b　49×94 ㎝
コットン（水玉）
　c（ループ）4×14 ㎝
白糸　適宜

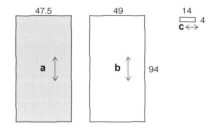

1 **a**と**b**の94 ㎝の辺を中表に合わせて縫う。

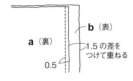

2 **b**の縫い代で**a**の縫い代をくるんで**a**側に
　倒して縫う。

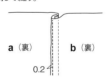

3 **c**を四つ折りにして端ミシンをする。

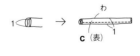

4 **a**と**b**のまわりを三つ折りにして**c**をはさんで縫う。

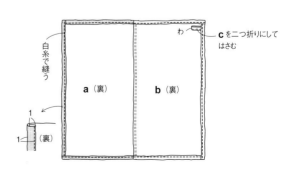

22

ティッシュカバー
Photo p25

ボックスティッシュの
つめかえカバーです。
吊せるようになっています。

でき上がりの大きさ　15.5 × 31㎝

● **材料**

綾織のデニム
a　40×33㎝
コットンストライプ
b（ループ）　12×6㎝

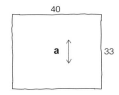

1 **a** の両端を表側に三つ折りにして縫う。

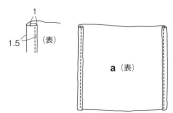

2 **b** の上下を折り、二つ折りにして
端ミシンをする。

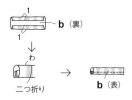

3 **a** を中表に左右とも10㎝折り、重なりを上下で
交差させて **b** をはさんで縫う。

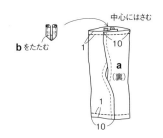

4 上下端にジグザグミシンをかけ、
表に返して整える。

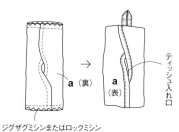

23.24

キューブ型小物入れ

Photo p26.27

身のまわりの小物の整理に。
リバーシブルで
使えます。

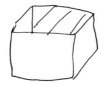

でき上がりの大きさ　23：10×10×10㎝
　　　　　　　　　　24：8×8×8㎝

● **材料**

23 の材料
コットン（白）＊　**a** 12×32 ㎝
　　　　　　　　　c 12×12 ㎝を2枚
コットンストライプ（白 × グレー）
　　　　　　　　　b 12×32 ㎝
　　　　　　　　　d 12×12 ㎝を2枚

24 の材料
コットン（白）＊　**a** 10×26 ㎝
　　　　　　　　　c 10×10 ㎝を2枚
コットンストライプ（白 × ピンク）
　　　　　　　　　b 10×26 ㎝
　　　　　　　　　d 10×10 ㎝を2枚

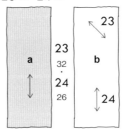

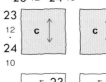

---

1 aとc、bとd それぞれ中表に合わせて
　　立体にし、三辺を縫う。

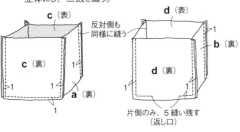

2 aとcを表に返してbとdの中に入れ、
　　口を一回り縫う。

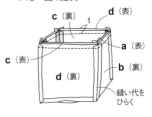

3 表に返して整え、
　　返し口を閉じる。

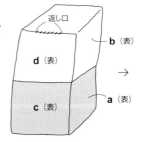

25

ストライプのバッグ

Photo p28

中にポケットがついた
大きめのバッグです。
小さくたたんでエコバッグにしても。

● 材料

リネンストライプ（青 × 白）＊
    a　60×100㎝
    b（内ポケット）25×20㎝
コットン（白）＊
    c（持ち手）12×70㎝を2枚

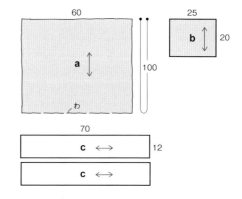

1 aを中表に二つ折りにして袋口を
カットする。

中心

印をつける

2枚一緒にカットする

a（裏）

わ（底）

2 aの印と印の間を三つ折りにして縫う。

印　中心　印

a（裏）

a（裏）

底

反対側も同様に縫う

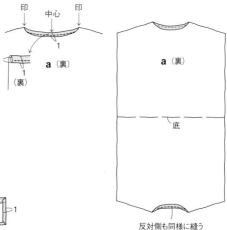

3 bの上端を三つ折りにして縫う。
次に三辺を折る。

ポケット口

b（裏）　→　**b**（裏）

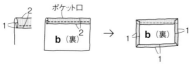

70

でき上がりの大きさ　58 × 43 × 10 ㎝

4 aの両脇にジグザグミシンをかけ、
bを縫いつける。

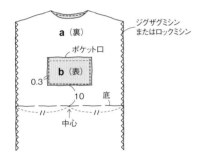

a（裏）

ジグザグミシン
またはロックミシン

ポケット口

b（表）

0.3

10　底

中心

5 aを中表に二つ折りにして底をたたみ、
両脇を縫う。

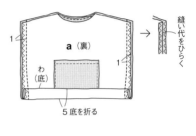

1

a（裏）

わ
（底）

1

5 底を折る

縫い代を
ひらく

6 cの上下を折り、2枚を中表に合わせて
両脇を縫う。

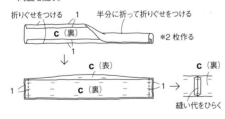

折りぐせをつける　1

半分に折って折りぐせをつける

c（裏）

1

＊2 枚作る

c（表）

c（裏）

1

c（裏）

1

縫い代をひらく

7 aを表に返してcを中表に重ね、袋口を縫う。

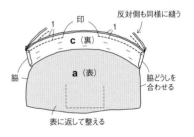

1

印

反対側も同様に縫う

c（裏）

脇

a（表）

脇どうしを
合わせる

表に返して整える

8 cを上に引き上げて二つ折りにし、一回り縫う。更に1㎝上をもう一度縫う。

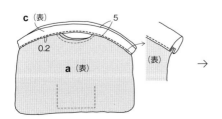

c（表）　5

0.2

a（表）

（表）

印部分（力がかかる所）にステッチを入れる

c（表）

1

a（表）

26

しましま巾着
Photo p 29

旅行にもいい大きめの巾着袋です。
しましまをパズルのように
合わせてみました。

でき上がりの大きさ　36 × 40 ㎝

● **材料**
コットンのストライプ（白 × 赤）
　a　38×80 ㎝
コットン（青）＊
　b（袋口）6×74 ㎝
コットン（白）＊
　c（ひも）4×100 ㎝

1 cを四つ折りにして端ミシンをする。

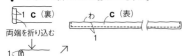

2 aの三角布の柄を揃えて縫い合わせる。

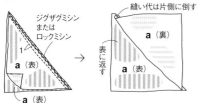

4 aを中表に二つ折り
にして片側の脇を縫う。

5 aの袋口にbを
中表に合わせて縫う。

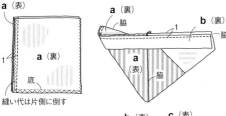

7 cをbに通す。

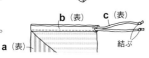

3 aの四角布と2を中表に合わせて38 ㎝の辺を縫い、
両脇にジグザグミシンをかける。

6 bを上に引き
上げ、もう片側の
脇を縫い、袋口
を作る。

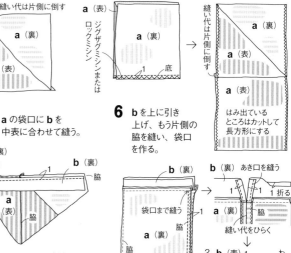

27

リバーシブルのあずま袋

Photo p30.31

かごの中に入れて使ったり、
上のほうを短く結んで
バッグのようにも使えます。

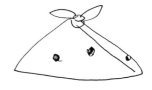

でき上がりの大きさ　43 × 43㎝

● **材料**
コットンのストライプ（白×ネイビー）＊
　a　92×32㎝
コットン（白）＊　**b**　92×32㎝
アップリケ布（白）＊
　直径3.5〜4.5㎝の円を5枚
アップリケ布（赤）
　直径3.5〜4.5㎝の円を7枚

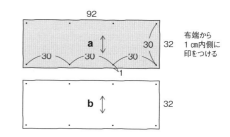

92

a　30　　30　　30　　30　32

1

布端から
1㎝内側に
印をつける

b　32

1 **a**を図のように中表に折り、上下を縫う。

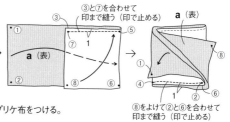

a（表）

③と⑦を合わせて
印まで縫う（印で止める）

a（表）

a（表）

⑧をよけて②と⑥を合わせて
印まで縫う（印で止める）

2 袋の形を作る。

a（裏）

3 表に返してアップリケ布をつける。

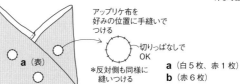

アップリケ布を
好みの位置に手縫いで
つける

切りっぱなしで
OK

＊反対側も同様に
縫いつける

a（白5枚、赤1枚）
b（赤6枚）

a（表）

4 **b**も**1〜3**と
同様に作る。

5 **a**と**b**を中表に合わせ、返し口を残して袋口を縫う。

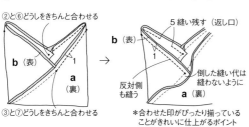

②と⑥どうしをきちんと合わせる

b（表）

a（裏）

③と⑦どうしをきちんと合わせる

5 縫い残す（返し口）

b（表）

反対側
も縫う

倒した縫い代は
縫わないように

a（裏）

＊合わせた印がぴったり揃っている
ことがきれいに仕上がるポイント

6 表に返して整え、返し口を閉じる。

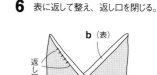

b（表）

返し
口

a（表）

28

リバティプリントのキルトバッグ

Photo p 32.33

キルト芯をはさんで
手でステッチを入れました。
ふんわり軽いバッグです。

でき上がりの大きさ　26 × 23.5 ㎝

● **材料**
リバティプリントのタナローン*
　a　28×50 ㎝
　c（持ち手）　10×50 ㎝
コットン（ベージュ）*
　b（裏地）　28×50 ㎝
キルト芯　28×50 ㎝
赤糸　適宜

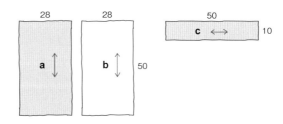

1 **a** にキルト芯を重ねて
　手縫いでステッチをする。

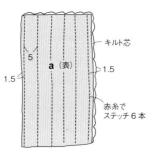

2 **a**、**b** それぞれ中表に二つ折りにして両脇を縫う。
　b は返し口を作る。

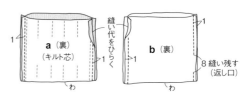

3 **c** を四つ折りにして端ミシンをする。

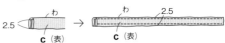

4 **a** を表に返して **b** の中に入れ、
　c を脇にはさんで袋口を縫う。

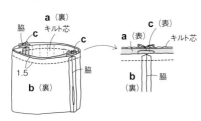

5 表に返して整え、返し口を閉じる。

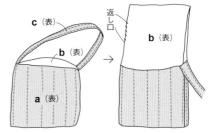

29.30

三つ編みトート
Photo p34.35

マチが広くたっぷり入ります。
キューブ型なので
お部屋の収納にも。

でき上がりの大きさ　29：18×18×18cm
　　　　　　　　　　30：28×28×28cm

● **材料**

29の材料
帆布（きなり）＊
　a　20×20 cmを4枚
　b　20×56 cmを2枚
　c（持ち手）4×32 cmを6枚

30の材料
帆布（きなり）＊
　a　30×30 cmを4枚
　b　30×86 cmを2枚
　c（持ち手）5×40 cmを6枚

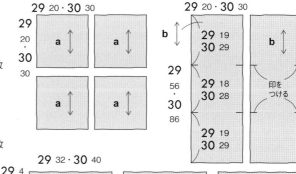

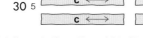

1 bの上にaを重ね、方向転換しながら縫い、袋口を裏側に折る。

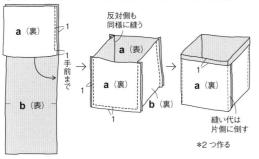

2 cを四つ折りにして端ミシンをする。

＊6本作る

3 c 3本で三つ編みをして持ち手を作る。

①ミシンで3本をとめる　②三つ編み　③ミシンでとめる

＊2本作る

4 袋2枚を外表に合わせてcをはさんで袋口を縫う。

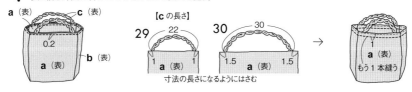

【cの長さ】

29　22　　30　30

寸法の長さになるようにはさむ

もう1本縫う

31

ソーイングポーチ

Photo p36.37

ソーインググッズのほかにも
コスメなど、細かいものが、
うまく収まります。

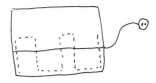

でき上がりの大きさ　20 × 17 cm

● **材料**
リネン　**a** 22 × 50 cm
ボタン　直径 2 cmを1個
ひも　太さ 0.2 cmを 50 cm
赤糸　適宜

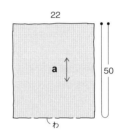

22

a

50

わ

---

1 **a** を中表に二つ折りにして縫い、
　返し口を作る。

a（裏）

1

5
縫い残す
（返し口）

わ

2 表に返して整え、返し口を閉じ、下側を折る。

わを上にする

a（表）

返し口

わ

a（表）

ポケット口

7

折る

---

3 ボタンにひもを通す。

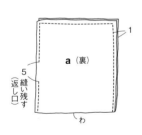

結ぶ

4 **a** の片側にひもをはさみ、赤糸でステッチを入れる。

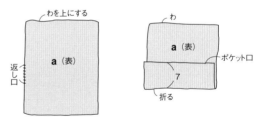

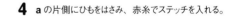

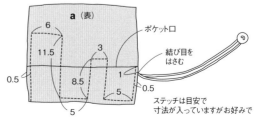

a（表）

6

11.5

3

0.5

8.5

5

5

ポケット口

結び目を
はさむ

1

0.5

ステッチは目安で
寸法が入っていますがお好みで

33

もこもこ巾着バッグ

Photo p40.41

ひもを引いたり伸ばしたり
形が変わるバッグです。
大人っぽいリバティ生地と合わせました。

でき上がりの大きさ　約 32.5 × 23.5 ㎝

● 材料

ボア（黒）**a** 35×46 ㎝
シーチング（きなり）＊
　b（裏地）35×46 ㎝
リバティプリントのタナローン＊
　c（袋口）6×37 ㎝を2枚
　d（持ち手・裂き布）
　　3 ㎝幅に裂いた布 350 ㎝を
　　2枚
9号のかぎ針

35	35
a ↕	**b** ↕

46

37
c ↔ 6
c ↔

350 ↔
d 3 ㎝幅に裂いた布 3

p66 **1** 参照

1　a、b それぞれ中表に
二つ折りにして両脇を縫う。
b は返し口を作る。

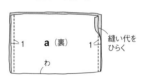

縫い代を
ひらく

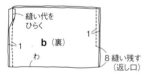

縫い代を
ひらく

8 縫い残す
（返し口）

2　c の両脇を三つ折りに
して縫い、外表に二つ
折りにする。

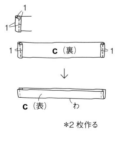

＊2 枚作る

3　b を表に返して a の中に入れ、
c を前後にはさんで一回り縫う。

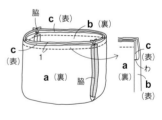

4　表に返して整え、
返し口を閉じる。

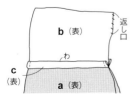

5　d をくさり編みして、それぞれ
c に通す。

60 になるまで編む

d

くさり編みは p66 参照

＊2 本作る

d を通して結び、
結び目を c の中に入れる

77

32

エプロン
Photo p38.39

ひもを引いてギャザーを寄せたり
伸ばして前で結んだり。
形が変わるエプロンです。

● **材料**
リネンストライプ*
  a（胸当て）29×25cmを2枚
  b 110×60cm
  c（ポケット）24×24cm
  d（首ひも）4×80cm
  e（ひも）6×220cm
ハトメ　内径1cmを1個

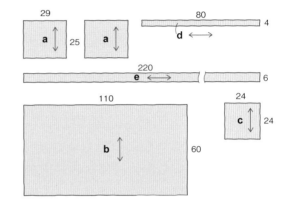

1 d、eそれぞれ四つ折りにして端ミシンをする。

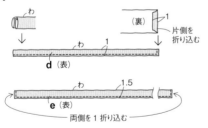

2 bの三辺を三つ折りにして縫う。

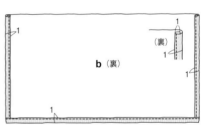

3 cの上端を三つ折りにして縫い、三辺を折って
bに縫いつける。

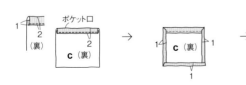

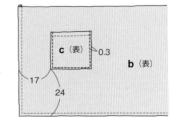

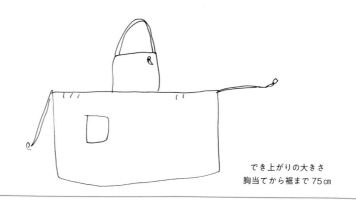

でき上がりの大きさ
胸当てから裾まで 75㎝

4 a を中表に合わせ、d をはさんで三辺を縫い、
表に返して整える。

角の余分をカット

d をはさむ

1

1   a（裏）   1

a（表）

わ   d（表）

a（表）

5 b の上端を三つ折りにし、a を中心に
はさんで縫う。

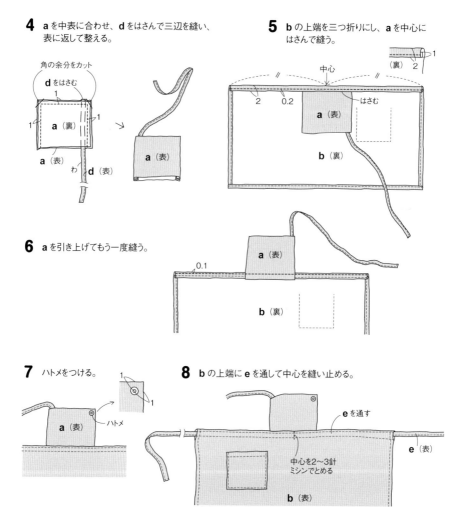

（裏）

1
2

中心

2   0.2   a（表）   はさむ

b（裏）

6 a を引き上げてもう一度縫う。

a（表）

0.1

b（裏）

7 ハトメをつける。

1

1

a（表）

ハトメ

8 b の上端に e を通して中心を縫い止める。

e を通す

e（表）

中心を2～3針
ミシンでとめる

b（表）

34

もこもこバッグ

Photo p42

難しい素材なので、
持ち手と一体になったシンプルな形にしました。
ちょっとうさぎみたいに見えます。

でき上がりの大きさ　28 × 46㎝

● **材料**
ボア（ベージュ）
　a　30 × 100㎝
シーチング（きなり）*
　b（裏地）30 × 100㎝

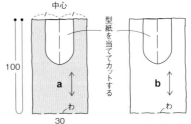

中心

型紙を当ててカットする

100

a

わ

30

b

わ

***a**、**b**…実物大型紙　p86

1 **a**と**b**をそれぞれ中表に合わせて
両脇を縫う。

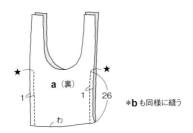

★

1　　1　　26

a（裏）

わ

***b**も同様に縫う

2 上端を中表に合わせて縫う。

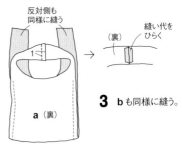

反対側も
同様に縫う

1

a（裏）

縫い代を
ひらく

（裏）

3 **b**も同様に縫う。

4 **b**を表に返して**a**の中に入れ、
持ち手部分の外回りを縫う。

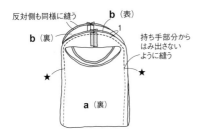

反対側も同様に縫う　　**b**（表）

b（裏）

1

持ち手部分から
はみ出さない
ように縫う

★　　　　　★

a（裏）

5 表に返して整え、持ち手部分の
内回りを縫う。

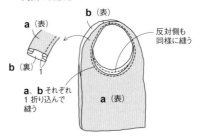

b（表）

a（表）

b（裏）

1

a、**b**それぞれ
1折り込んで
縫う

反対側も
同様に縫う

a（表）

35

巾着つきウールバッグ

Photo p43

裏が巾着になっているので、
ひもをしめれば中身が見えず
安心です。

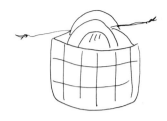

でき上がりの大きさ　43×33×10㎝

● **材料**
ウールのブロックチェック*
　a　45×60㎝
　c（持ち手）7×32㎝を2枚
シーチング（きなり）*
　b（裏地・巾着）49×85㎝
ひも　100㎝を2本

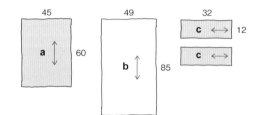

1 aを中表に二つ折りにして両脇を縫い、袋口を裏側に折る。

2 aのまちをたたんで縫い、表に返す。

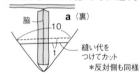

3 bの両脇を三つ折りにして縫う。

4 bを中表に二つ折りにして両脇を縫い、あき口を作る。

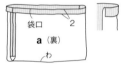

5 bの袋口を三つ折りにして縫う。

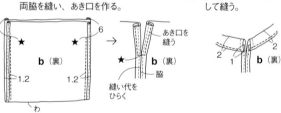

6 bを表に返して、まちをたたんで縫う。

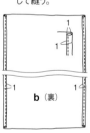

7 cを中表に二つ折りにして縫い、表に返す。

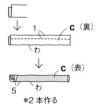

*2本作る

8 aの中にbを入れ、cをはさんで袋口を一回り縫う。bにひもを通す。

ひもの通し方

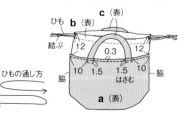

36.37

ウールの丸いコースター

Photo p44.45

マグカップを置けるように
大きめのサイズにしました。
ミシンステッチで点をぽつぽつと。

でき上がりの大きさ　直径14cm

● **材料**（1個分）
ウール（ベージュ）
　a 直径16cmの円を2枚
白糸または赤糸
　適宜

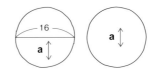

1 **a**を中表に合わせて一回り縫い、返し口を作る。

5縫い残す（返し口）

a（裏）

a（表）

1

→

a（裏）

切り込みを入れる

2 表に返して整え、
返し口を閉じる。

返し口

a（表）

3 ミシンで2〜3回返し縫いをする要領で
ランダムにステッチを入れる。

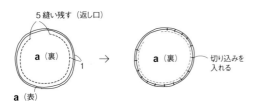

0.3〜0.4

白糸
または赤糸

38

リネンのストール

Photo p46.47

はおったり、ぐるっと巻いたり、
ひざにかけたり。
小さくたたんで持ち歩けます。

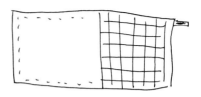

でき上がりの大きさ　193.5 × 76 ㎝

● 材料
リネン*
　a　80×100 ㎝
リネンのギンガムチェック
　b　80×100 ㎝
コットンプリント*
　c　（ループ）5×20 ㎝

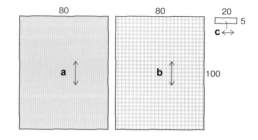

1 aとbの80㎝の辺を中表に合わせて縫う。

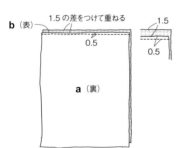

2 bの縫い代でaの縫い代をくるんで
a側に倒して縫う。

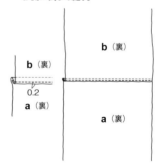

3 cを折りたたんで縫う。

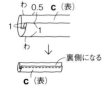

4 aとbのまわりを三つ折りにしてcをはさんで縫う。

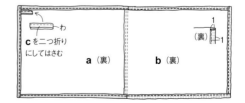

39

赤い丸バッグ
Photo **p48**

形がよく出るように
キルト芯を入れています。
ユニークな味わいのバッグです。

でき上がりの大きさ　27×27×10㎝

● **材料**
ウール（赤）＊
　a 直径29㎝の円を2枚
　c （持ち手）16×30㎝
　d （マチ）12×60㎝
コットン（ネイビー地に白のドット柄）＊
　b （裏地）直径29㎝の円を2枚
　e （裏地マチ）12×60㎝
キルト芯　直径29㎝の円を2枚、
　　　12×60㎝

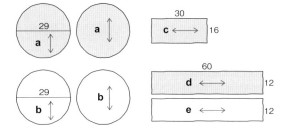

1 bとeにそれぞれキルト芯を
　重ねて縫う。

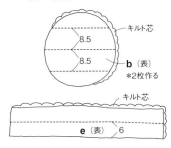

2 aとd、bとeをそれぞれ
　中表に合わせて縫う。

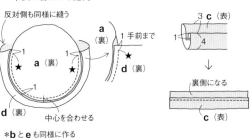

3 cを折り込んで縫う。

4 aとdを表に返してbとeの中に
　入れ、cを中心にはさんで袋口を縫う。

5 dとeの上端を片側のみ縫う。もう片側を
　返し口にして表に返し、返し口を閉じる。

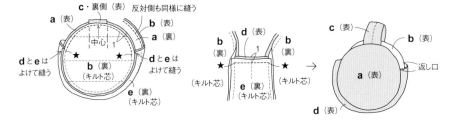

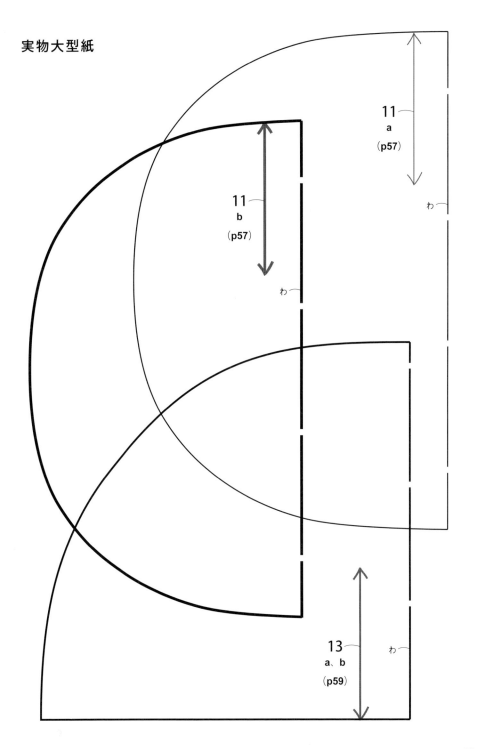

実物大型紙

11
a
（p57）

わ

11
b
（p57）

わ

13
a、b
（p59）

わ

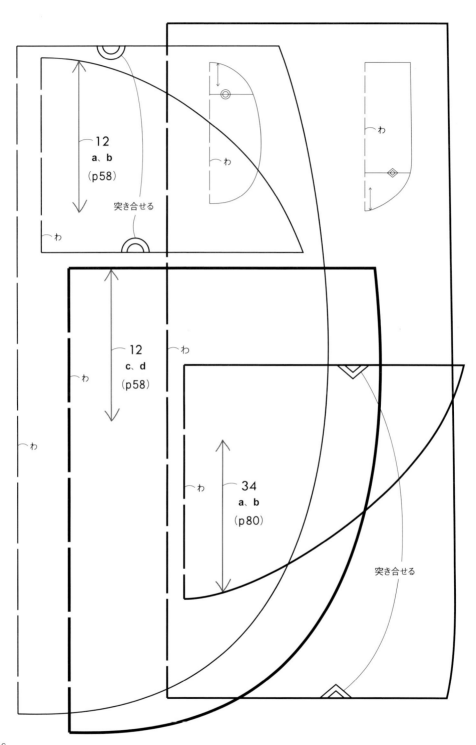

12
a、b
（p58）

突き合せる

わ

わ

12
c、d
（p58）

わ

わ

わ

わ

34
a、b
（p80）

突き合せる

この本で使った **CHECK&STRIPE** の生地一覧

作り方ページの材料で＊印が付いているものは、生地の店「CHECK&STRIPE」にてお求めいただけます。

1 パッチワークのバッグ p6-7／p50
【本体】
C&S オリジナルコットンパピエ ギンガムチェック（グリーン、ブルー、赤〔7mm 幅〕）
C&S オリジナル 100 そうギンガムチェック（ブルー、黒）
C&S オリジナルギンガムチェック（カシス、ネイビー）
【裏地・持ち手】C&S オリジナル海のブロード（ホワイト）

5 レッスンバッグ p10／p52
【持ち手】力織機で織ったコットン（ホワイト）

6 星柄のトート p11／p53
【本体】C&S オリジナル帆布のプティットエトワール（きなり色にネイビー）
【裏地】力織機で織ったコットン（ホワイト）

7 青のバッグ p12／p54
【本体】C&S オリジナルカラーリネン（ブルー）
【パイピング】C&S オリジナル海のブロード（ホワイト）

8 ピンクのバッグ p13／p54
【本体】C&S オリジナルカラーリネン（スタンダードピンク）

9 なべつかみ p14／p56
【本体表】シーチング
【本体裏】力織機で織ったコットン（オレンジ）

10 なべつかみ p14／p56
【本体表】C&S オリジナルコットンパピエストライプ（黒）
【ふち・本体裏】きなりにネイビーストライプ
【ループ】C&S オリジナルストライプ（きいろ）

11 パクパクなべつかみ p15／p57
【本体】シーチング

12 丸いぱっちんポーチ p16／p58
【本体】力織機で織ったコットン（オレンジ）
【裏地】C&S オリジナル帆布（きなり）

13 四角いぱっちんポーチ p16／p59
【裏地】C&S オリジナル帆布（きなり）

14 ショルダーバッグ p17／p60
【本体】C&S オリジナル帆布（フォレストカーキ）
【裏地】力織機で織ったコットン（ホワイト）

15 くるくるポーチ p18-19／p62
【裏地】C&S オリジナルコットンリネンレジェール（ストーン）

16 くるくるポーチ p18-19／p62
【本体】C&S オリジナルコットンパピエギンガムチェック（ブルー）
【裏地】シーチング

17 白に赤の巾着 p20／p63
【白の部分】C&S オリジナル洗いざらしのハーフリネンダンガリー（ホワイト）

18 白に青の巾着 p21／p64
【白の部分】C&S オリジナル洗いざらしのハーフリネンダンガリー（ホワイト）
【青の部分】ナチュラルコットンダブルガーゼ（ブルーグレー）

20 裂き布のポシェット p23／p66
C&S オリジナル海のブロード（ホワイト）

23.24 キューブ型小物入れ p26-27／p69
【白の本体】力織機で織ったコットン（ホワイト）

25 ストライプのバッグ p28／p70
【本体】C&S オリジナルハーフリネンダブルストライプ
【持ち手】C&S オリジナルコットンパピエ（ホワイト）

26 しましま巾着 p29／p72
【袋口】ナチュラルコットンダブルガーゼ（ブルーグレー）
【ひも】C&S オリジナル海のブロード（ホワイト）

27 リバーシブルのあずま袋 p30-31／p73
【ストライプの本体】C&S オリジナルストライプ（ネイビー）
【白の本体】C&S オリジナルコットンパピエ（ホワイト）
【アップリケ布 白の水玉】C&S オリジナルコットンパピエ（ホワイト）

28 リバティプリントのキルトバッグ p32-33／p74
【本体】リバティプリント タナローン

Malory XE（ベージュ）
【裏地】C&S オリジナル海のブロード（グレイッシュピンク）

29.30 三つ編みトート p34-35／p75
C&S オリジナル帆布（きなり）

32 エプロン p38-39／p78
C&S オリジナル ネイビーブルーにきなりのストライプ

33 もこもこ巾着バッグ p40-41／p77
【持ち手・袋口】リバティプリント タナローン Pepper LME（グレー・ピンク系）
【裏地】シーチング

34 もこもこバッグ p42／p80
【裏地】シーチング

35 巾着つきウールバッグ p43／p81
【本体】C&S オリジナルウールブロックチェック（グレー）
【裏地】シーチング

38 リネンのストール p46-47／p83
【無地の生地】C&S オリジナルやさしいリネン（グレー）
【ループ】リバティプリント タナローン Glenjade JE（ブルー×オフ）

39 赤い丸バッグ p48／p84
【本体・持ち手】マドモアゼルウール（赤）
【裏地】C&S オリジナル 100 そうコットンドット（ネイビー地に白）

CHECK&STRIPE
http://checkandstripe.com

実店舗とともに online shop もあります。タイミングによっては生地が品切れになっていることもありますので、ご了承ください。

石川ゆみ
いしかわ・ゆみ

青森生まれ。布小物作家。アパレル会社や雑貨店に勤めるいっぽう布の小
物を作り、1999年より作家として活動を始める。2003年、友人と恵比
寿に器と雑貨の店「イコッカ」をはじめる。2008年、作品に専念するた
めに店を離れ独立。こびるところのない素直な作品は、気軽に手芸を始め
るきっかけにもなり、多くのファンを得ている。『まいにち、針仕事』『こ
どもがまいにちつかうもの』『四角い布からつくる服』などの著書がある。

ブックデザイン … わたなべひろこ
撮 影 ………… 松本のりこ
作り方解説 …… 網田ようこ
トレース・製図 … しかのるーむ
生地協力 ………… CHECK＆STRIPE

まいにちつかうもの
2018年2月10日　初版第1刷発行

著者 ……… 石川ゆみ
発行者 …… 山野浩一
発行所 …… 株式会社筑摩書房
　　　　　　〒 111-8755　東京都台東区蔵前 2-5-3
　　　　　　振替 00160-8-4123
印刷・製本 … 凸版印刷株式会社

筑摩書房サービスセンター
〒 331-8507　さいたま市北区櫛引町 2-604　TEL 048-651-0053